Você é Demais quando...

De: _____

Para: _____

Editora Fundamento

2002, Editora Fundamento Educacional Ltda.

Revisão: Albertina Pereira Piva e Kandy Saraiva

Ilustrações: Alexandre Bocci

Editoração Eletrônica: Commcepta Design

Fotolitos: Sociedade Vicente Pallotti - Editora

Impressão: Sociedade Vicente Pallotti - Editora

Todos os direitos reservados, no Brasil, por Editora Fundamento

Telefone (11) 3167-5111 / Fax (11) 3079-5863
e-mail: info@editorafundamento.com.br
site: www.editorafundamento.com.br

Dados Internacionais de Catalogação na Publicação (CIP)
Câmara Brasileira do Livro, SP, Brasil

Oliveira, Carla
    Você é demais quando-- / Carla Oliveira. -- São Paulo : Editora Fundamento Educacional, 2002.

    1. Amor 2. Carinho 3. Companheirismo 4. Motivação 5. Relações interpessoais I. Título

02-5648   CDD-158.2

ISBN 85-88350-08-04

Índices para catálogo sistemático:

1. Sensibilização : Relações interpessoais : Psciologia aplicada   158.2

Depósito legal na Biblioteca Nacional conforme Decreto n. 1.825, de dezembro de 1907.
Impresso no Brasil

Você é Demais quando...

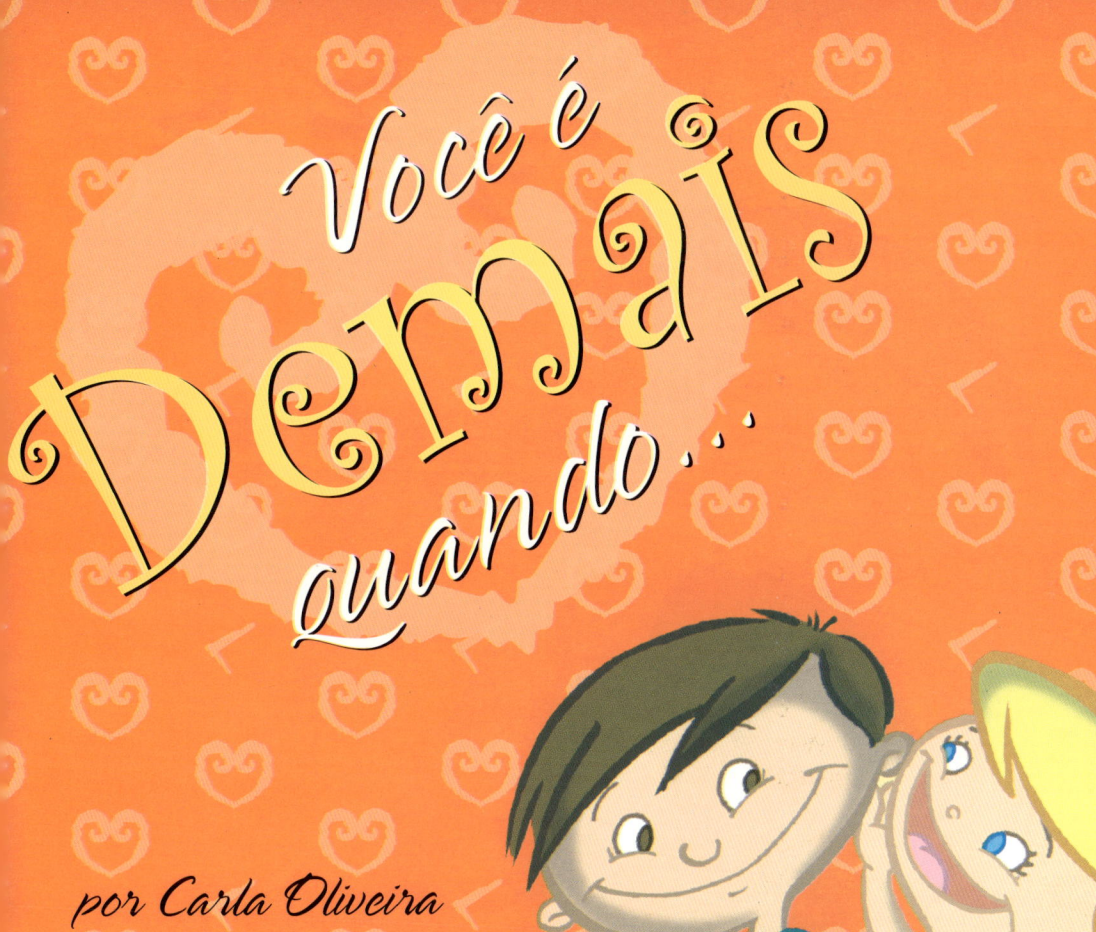

por Carla Oliveira
& Alexandre Bocci

Editora Fundamento

Você é demais quando...

...me conta seus segredos sem qualquer medo, uma vez que a

confiança

mútua aumenta

nosso amor.

Você é demais quando...

...se lembra de trazer uma caixa do

chocolate

que eu mais adoro !

Você é demais quando...

...me beija de

surpresa.

Você é demais quando...

...me surprende com as

flores

de que eu mais gosto.

Você é demais quando...

...cuida da natureza, porque é um privilégio valorizar a

vida.

Você é demais quando...

...divide comigo suas tristezas, pois o verdadeiro amor **entende** *esse sentimento.*

Você é demais quando...

...prepara o meu prato predileto, porque **pequenos presentes** são, ocasionalmente, muito mais valiosos do que um grande.

Você é demais quando...

...se lembra de me

telefonar

no meio da tarde, fazendo sua voz passear pela minha mente.

Você é demais quando...

...*viaja comigo...
mesmo que o dinheiro
seja* pouco.

Você é demais quando...

...traz para a minha vida as **cores** do arco-íris, colorindo meu universo.

Você é demais quando...

...me abriga nos dias de chuva... como é bom ter um **cantinho** no seu guarda-chuva!

Você é demais quando...

...reconhece meu

perfume

mesmo em meio a muitos outros.

Você é demais quando...

...fica sonhando comigo

acordada,

me deixando viajar

nos seus pensamentos.

Você é demais quando...

...me ouve quando conto os fatos à minha maneira e *acredita* em todos os meus atos de heroísmo.

Você é demais quando...

...se oferece para me

acompanhar

às compras e carregar

todos os meus pacotes.

Você é demais quando...

...cuida da minha saúde,

mesmo que isso signifique

me tirar da cama cedo

para fazer exercícios.

Você é demais quando...

...ouve com atenção quando eu conto sobre a **gravidade** da minha doença, ainda que seja só um resfriado.

Você é demais quando...

...traz para mim muitas frutas, colaborando com a minha **intenção** de ter uma alimentação mais saudável.

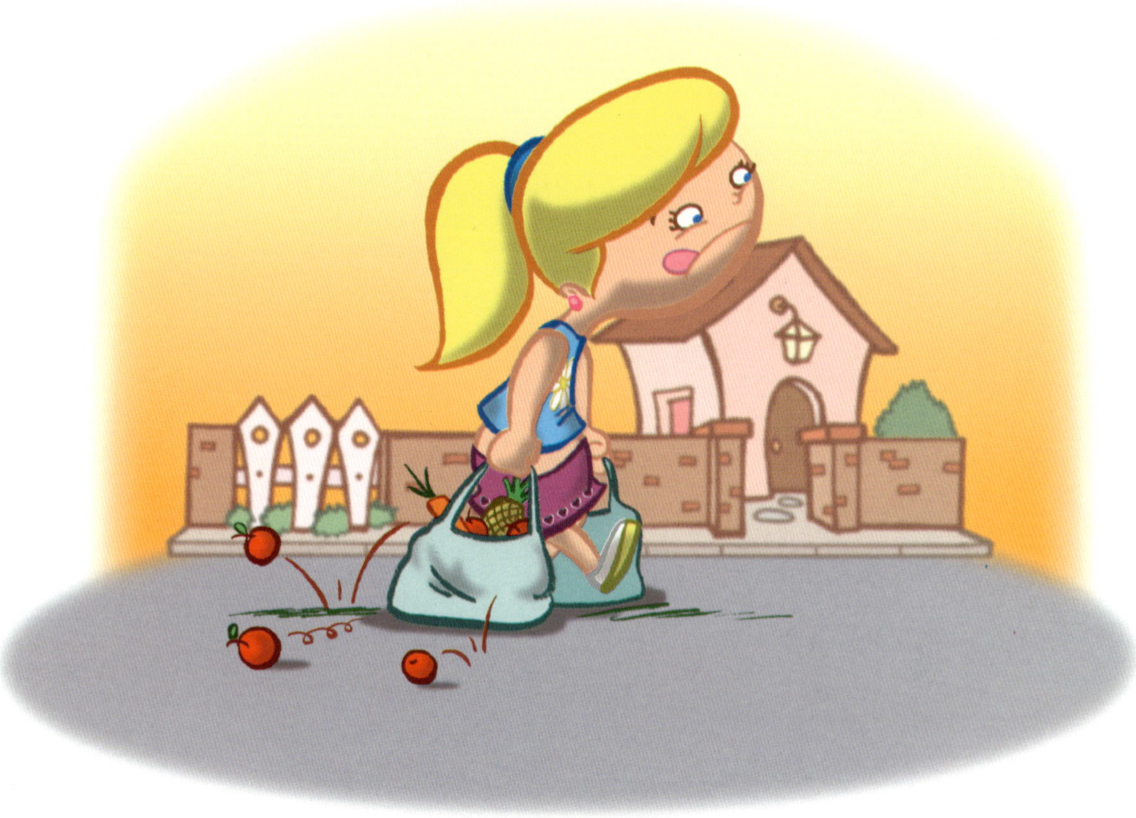

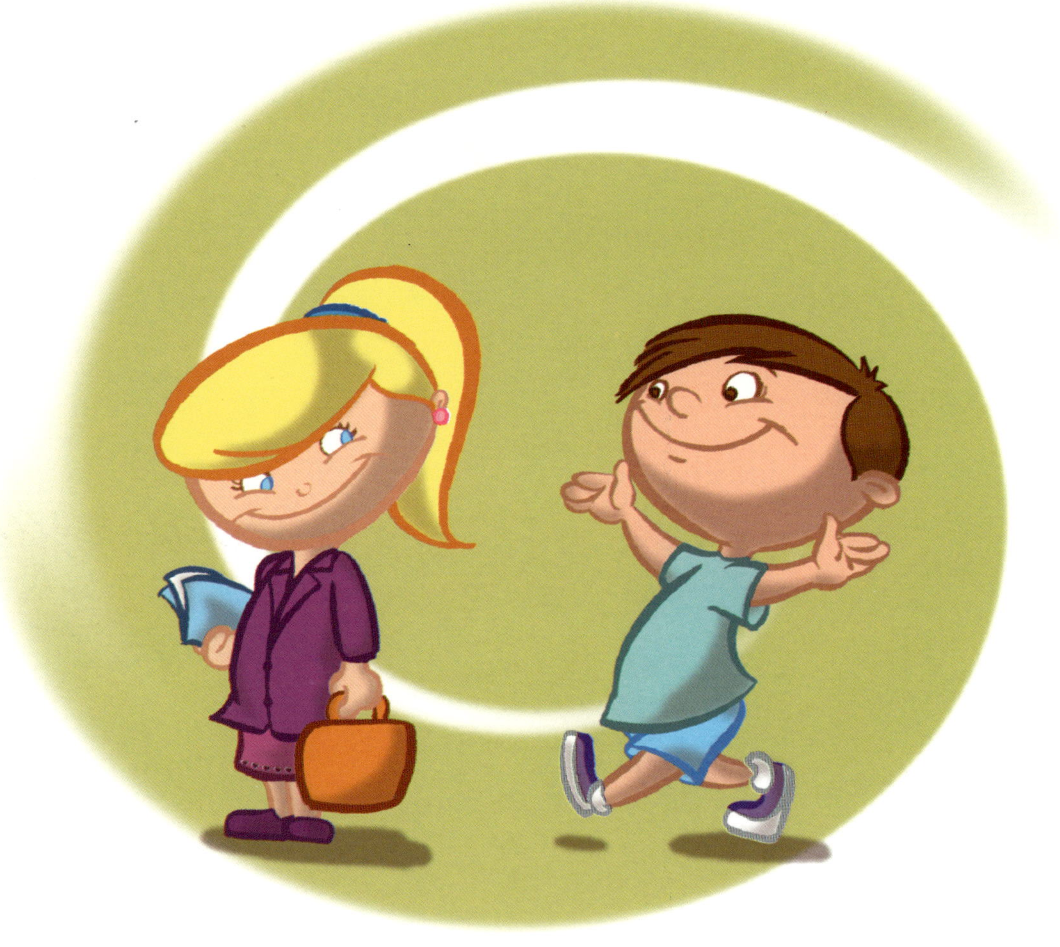

Você é demais quando...

...se orgulha do meu

sucesso

no trabalho, compreendendo o quanto isso é importante para mim.

Você é demais quando...

...liga para a minha mãe no Dia das Mães, percebendo que toda mulher gosta de atenção.

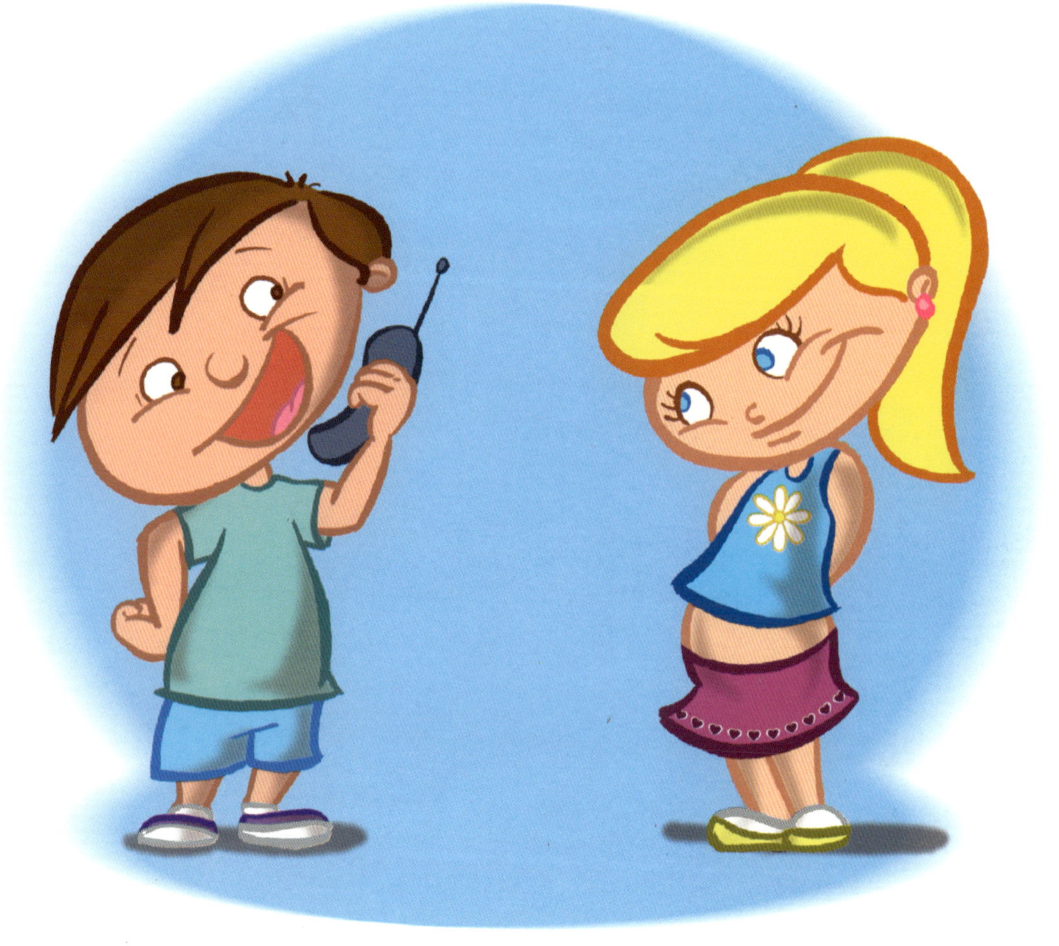

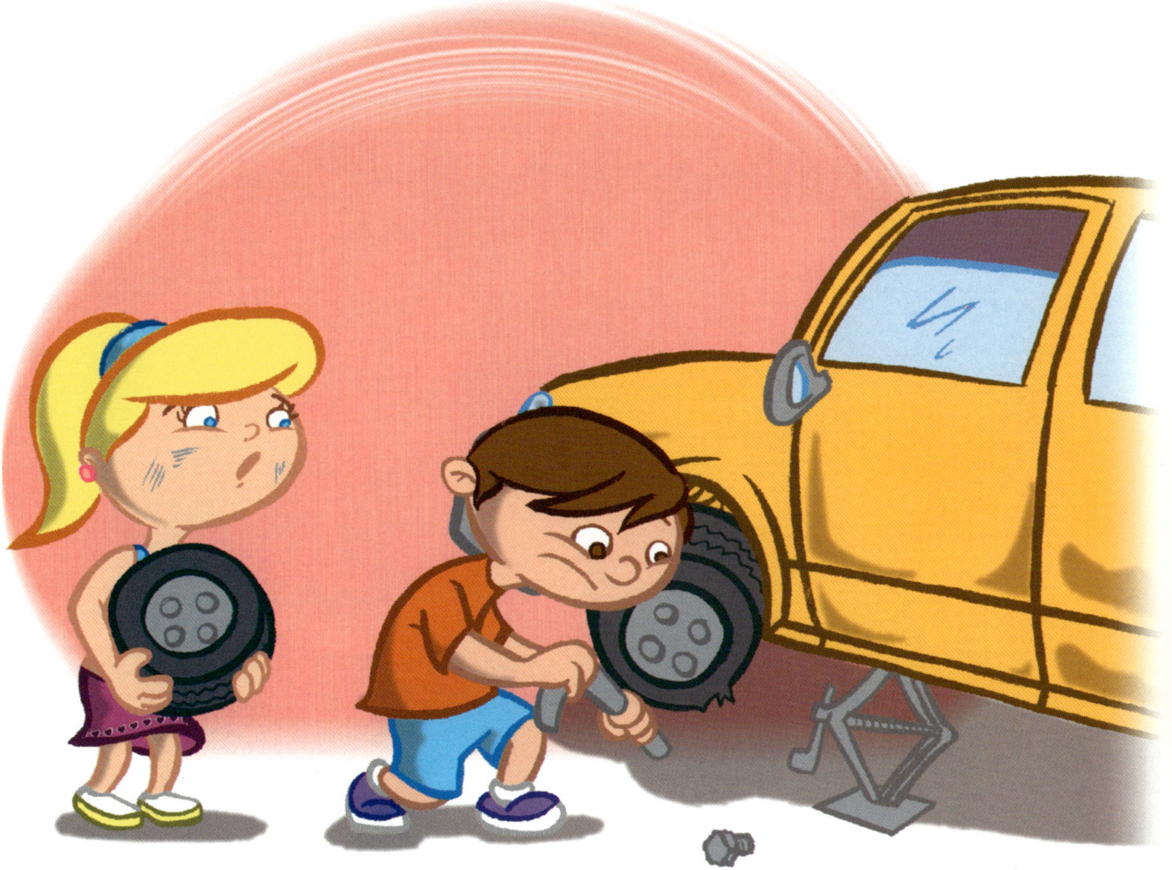

Você é demais quando...

...constrói o verdadeiro amor com **ação**, pois só romantismo pode não ser suficiente.

Você é demais quando...

...*admite que, às vezes,* **perde** *o rumo.*

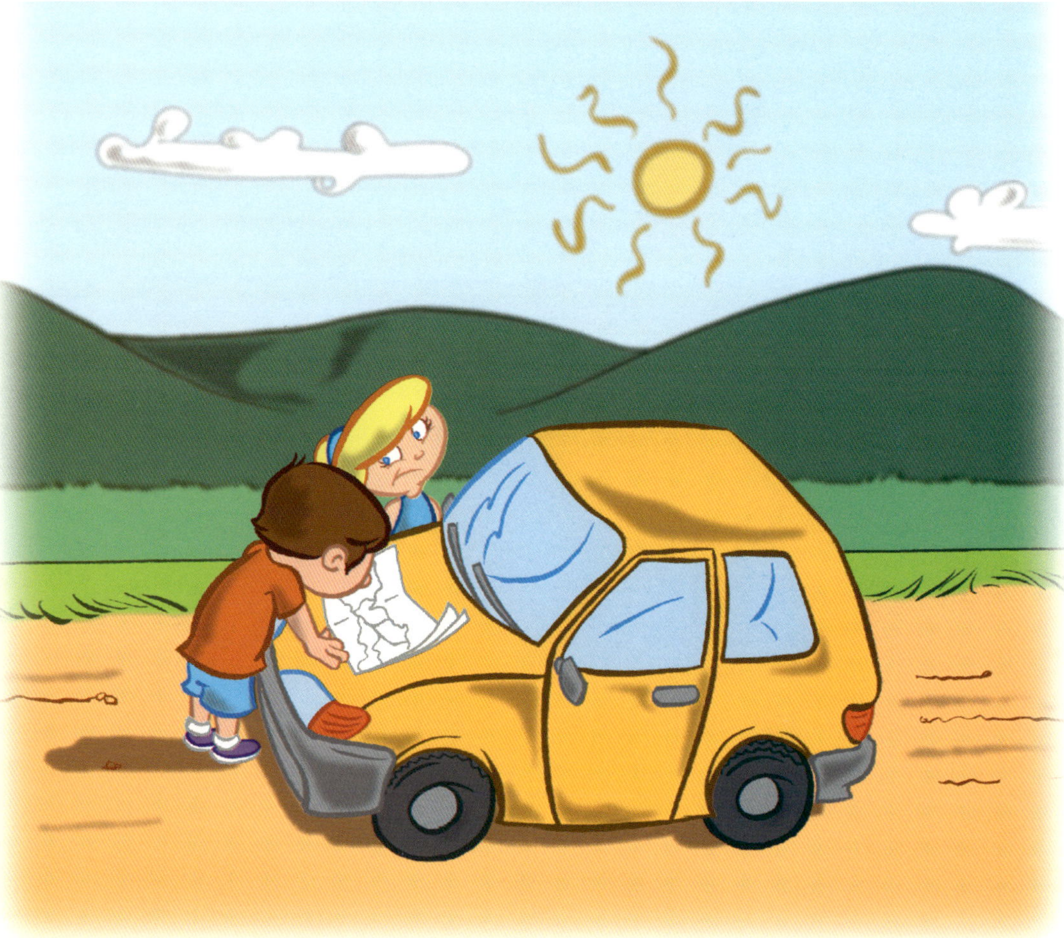

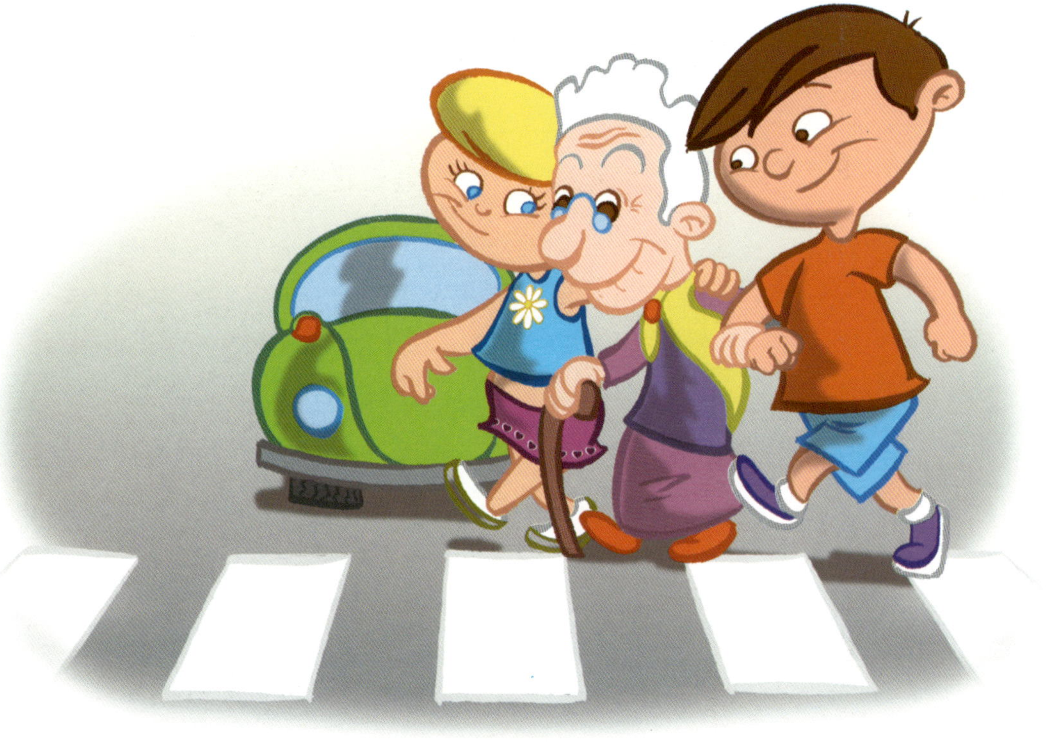

Você é demais quando...

...é generoso com as pessoas, encontrando sempre uma maneira de

ajudar

quem precisa.

Você é demais quando...

...reconhece as alegrias
e as dúvidas de seus amigos,

sentindo

que a vida compartilhada
é mais leve.

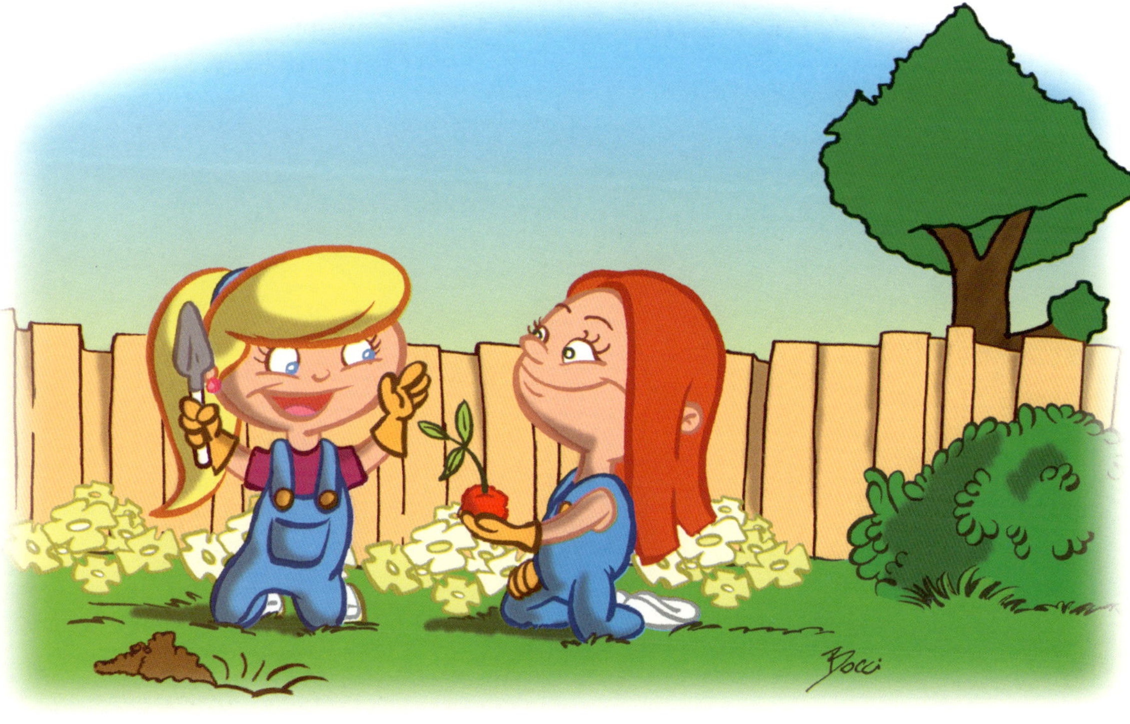

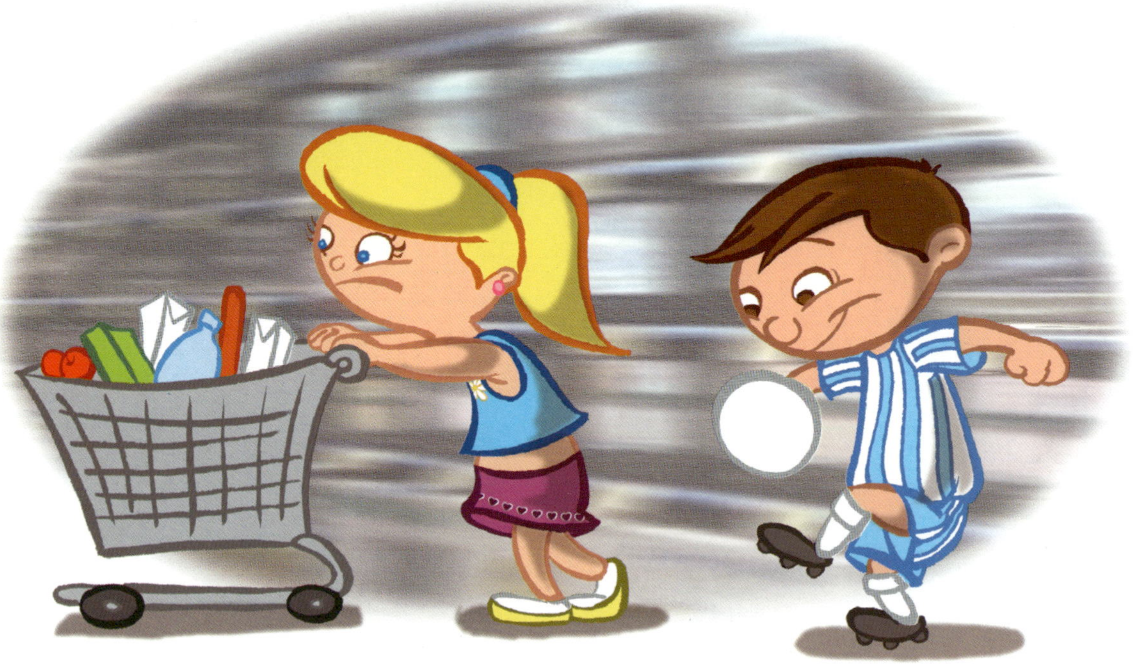

Você é demais quando...

...não se importa que eu demonstre meu

fanatismo

quando meu time é campeão.

Você é demais quando...

...abraça o mundo com

felicidade,

porque seu coração está cheio de amor.

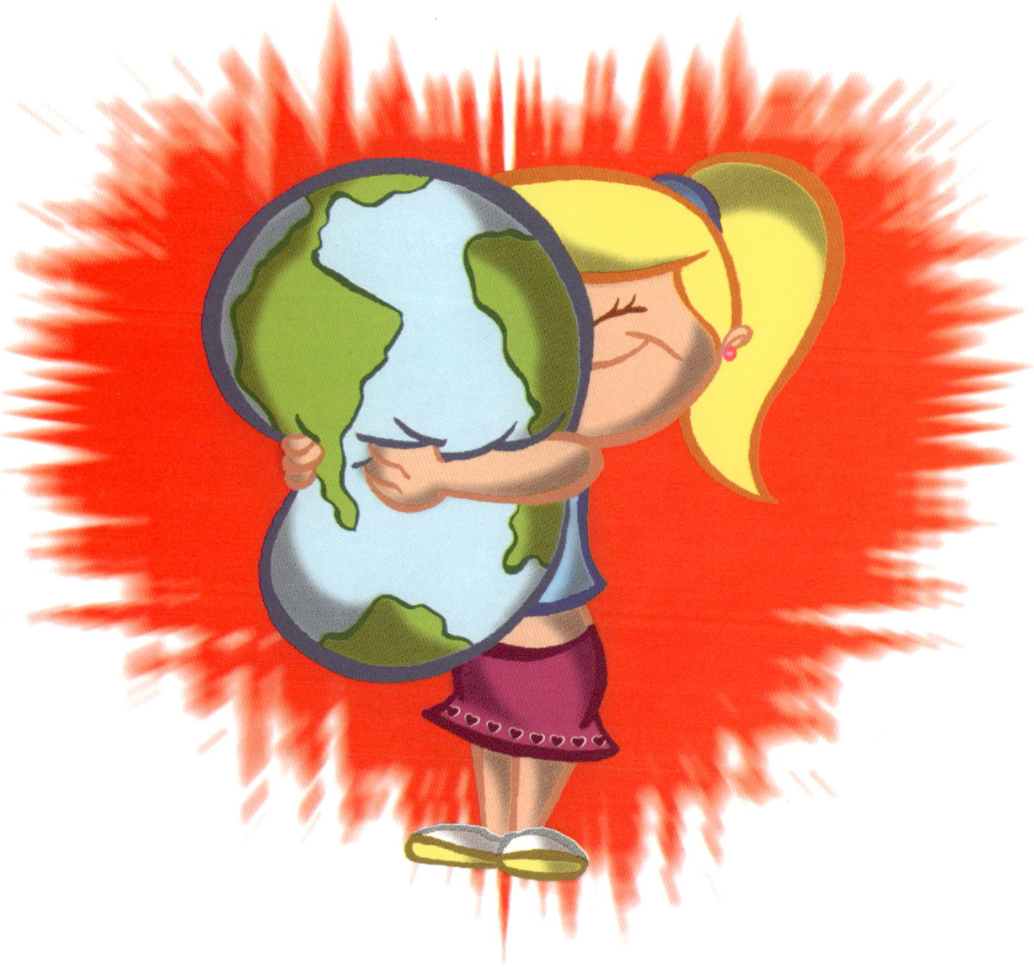

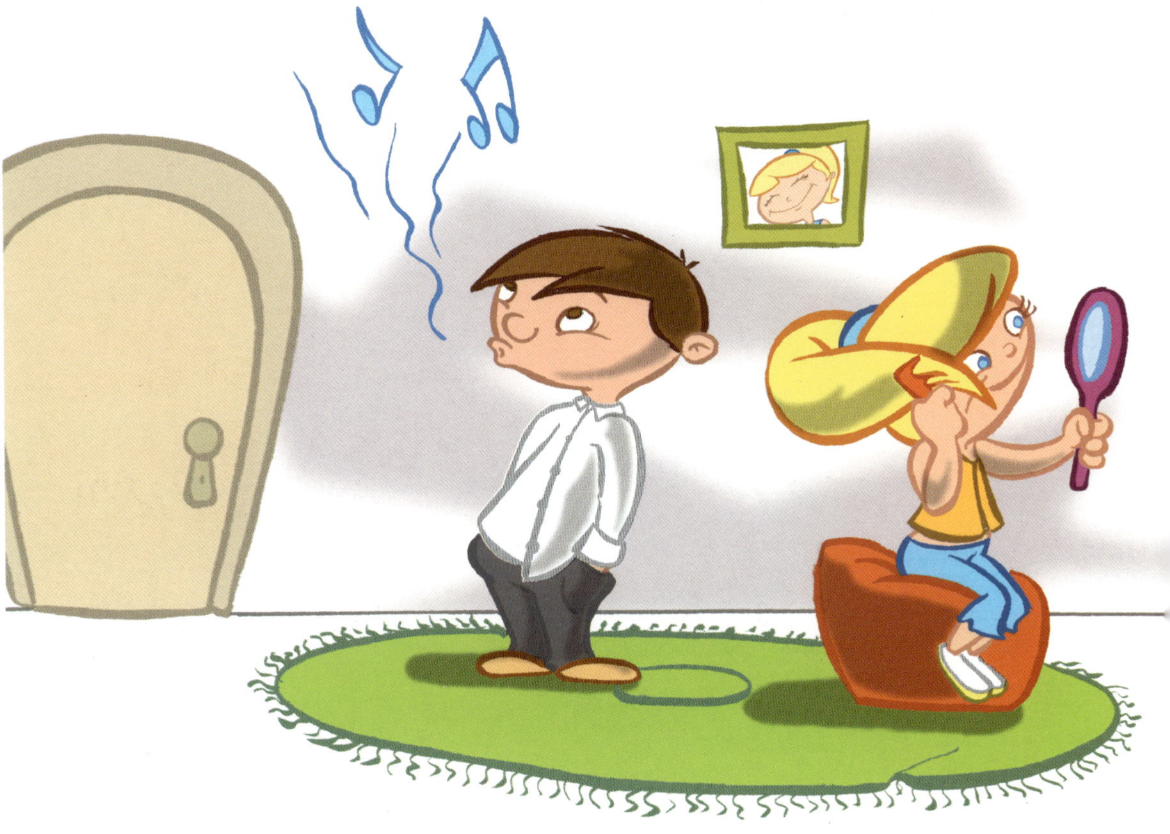

Você é demais quando...

...coloca a cordialidade em prática, me *esperando*, pacientemente, enquanto me arrumo para sair com você.

Você é demais quando...

...*comemora as datas significativas, que* **aproximam** *as pessoas e iluminam a vida.*

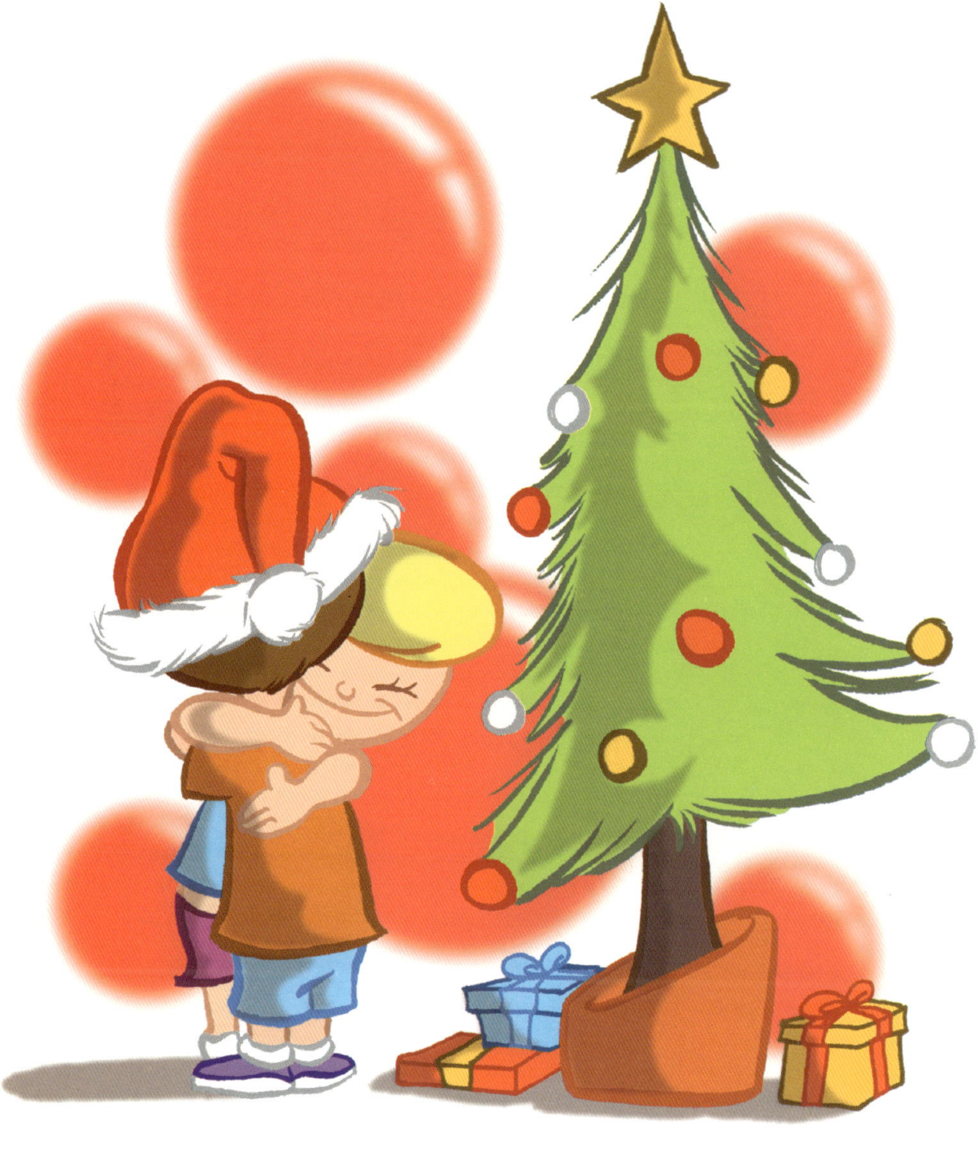

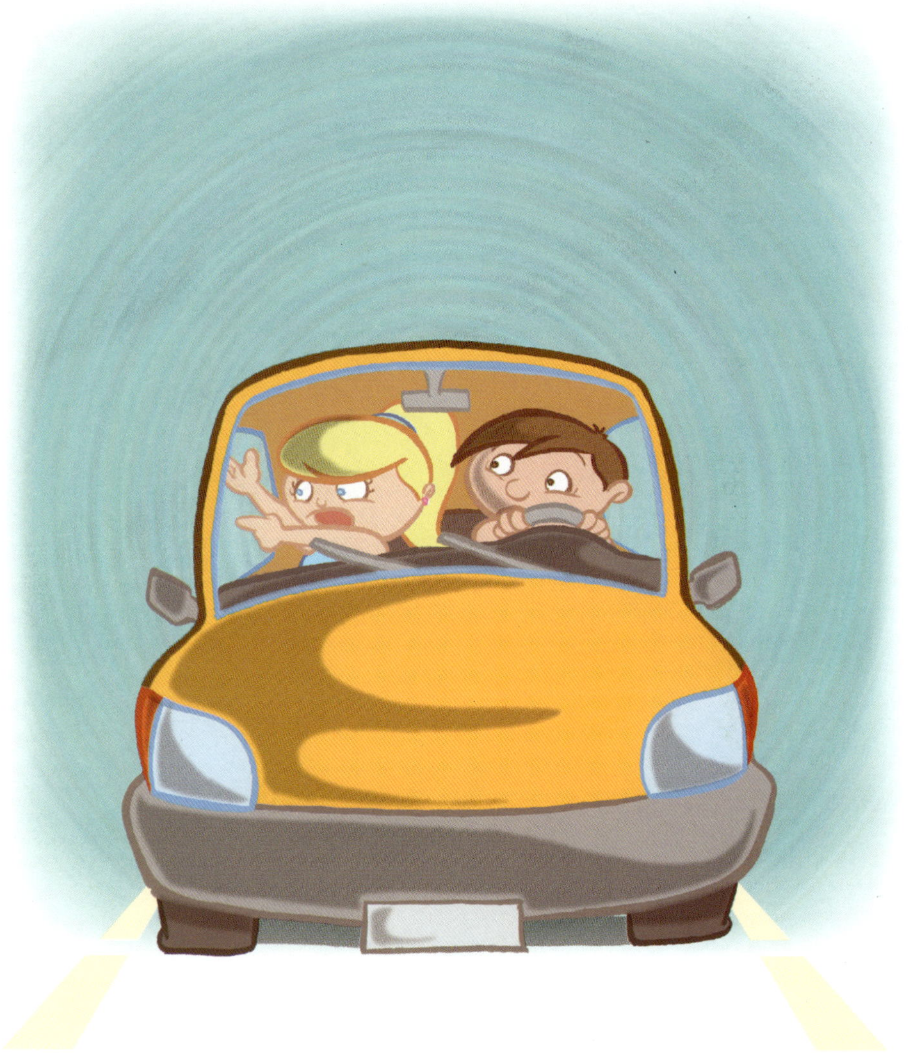

Você é demais quando...

...não se importa que eu dê *palpites,* mesmo quando você é o motorista.

Você é demais quando...

...conta até dez, mil ou dez mil, quando a vida parece

pesada

demais.

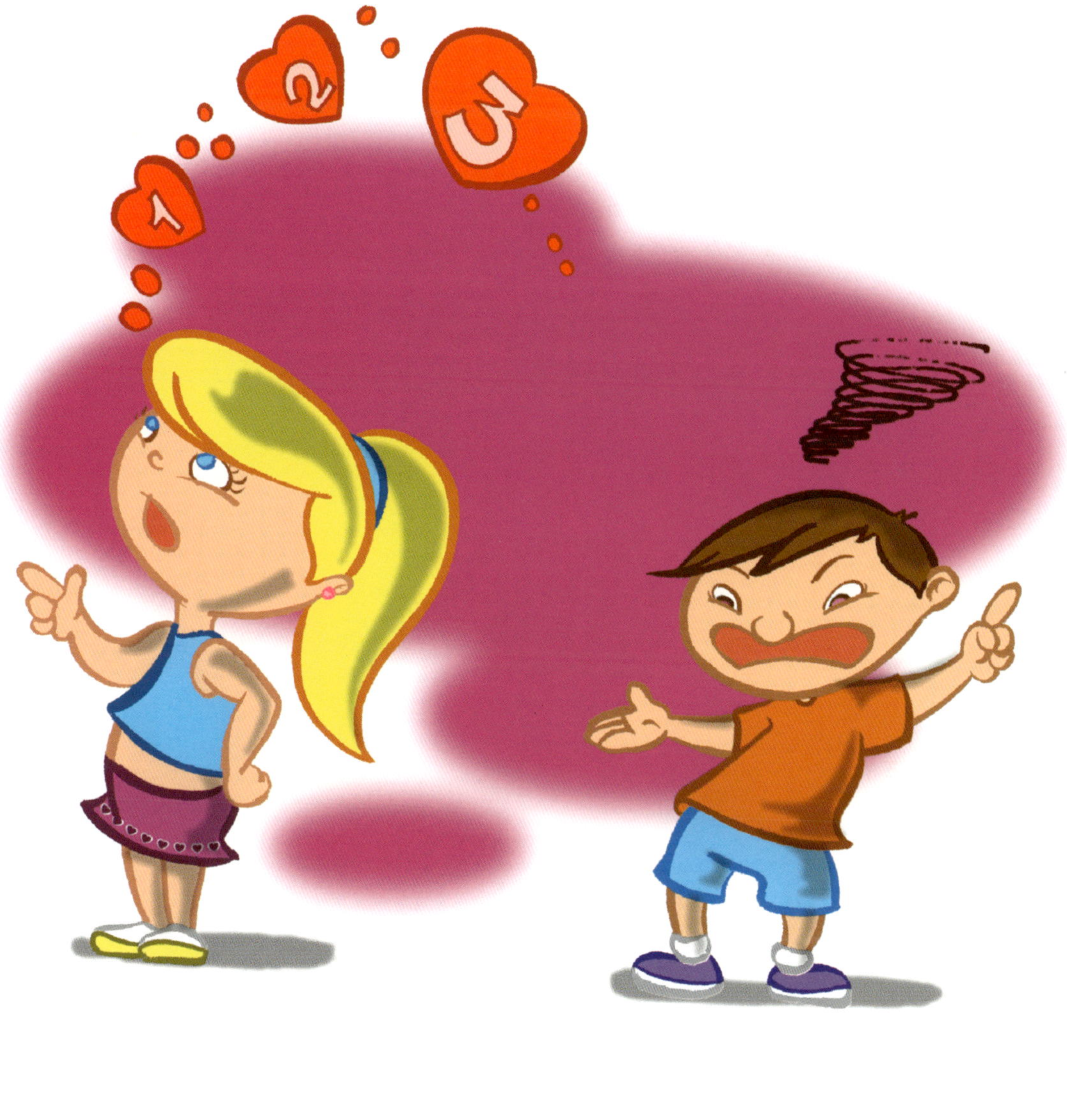
1
2
3

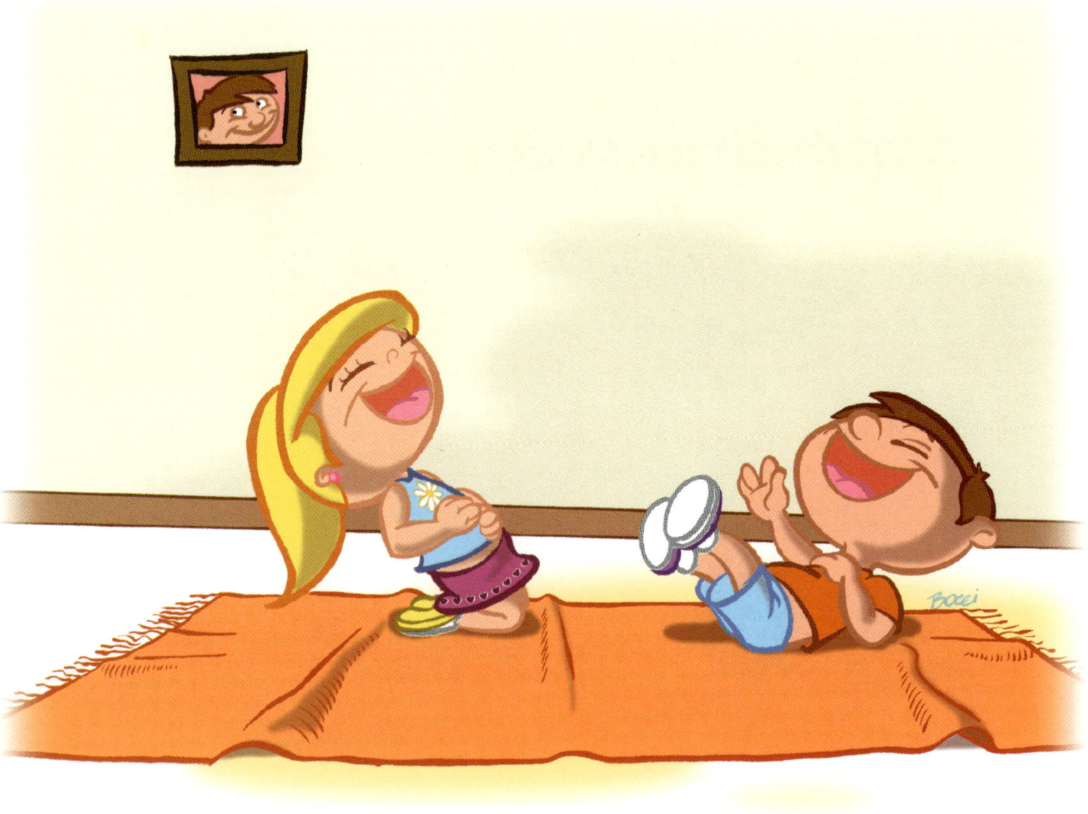
Bocci

Você é demais quando...

...ri com a vida, porque viver com bom **humor** é contagiante.

Você é demais quando...

...*fica vermelha*

com o

calor

dos meus abraços.

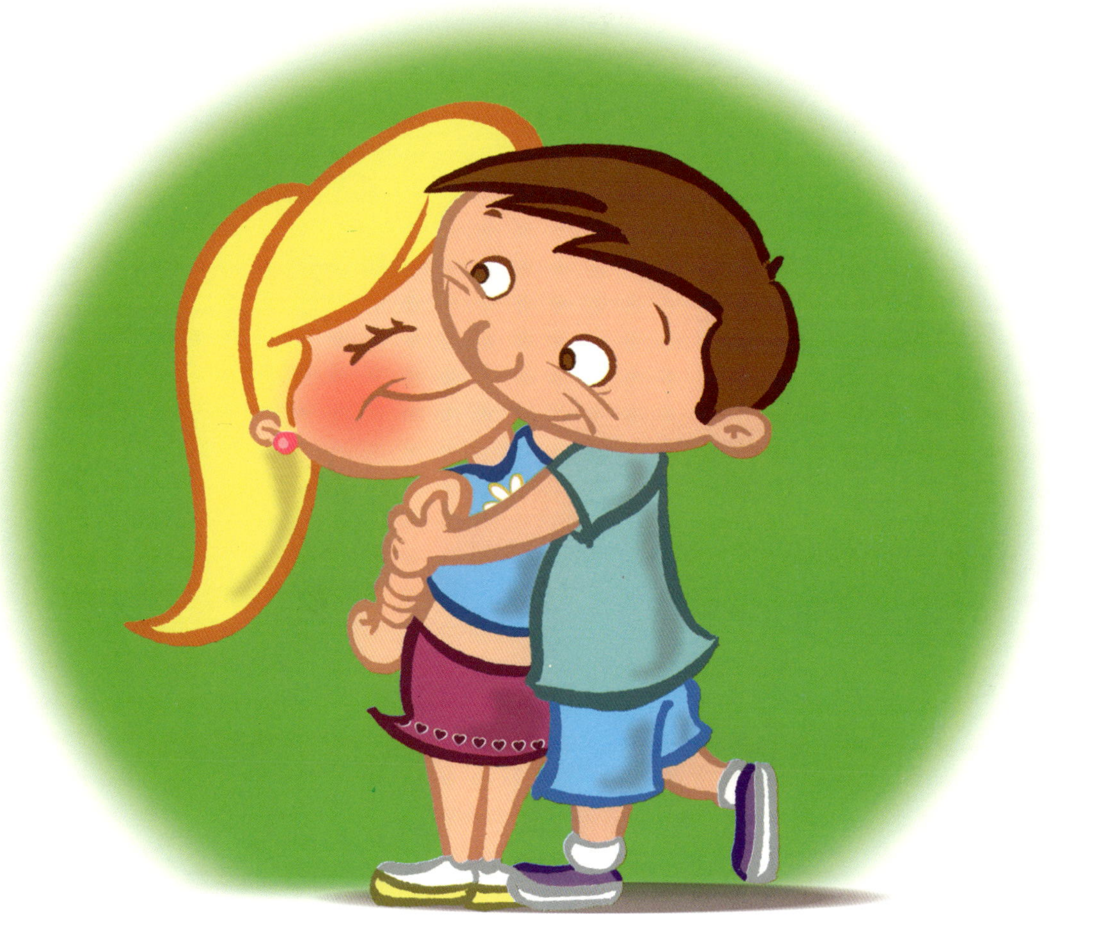

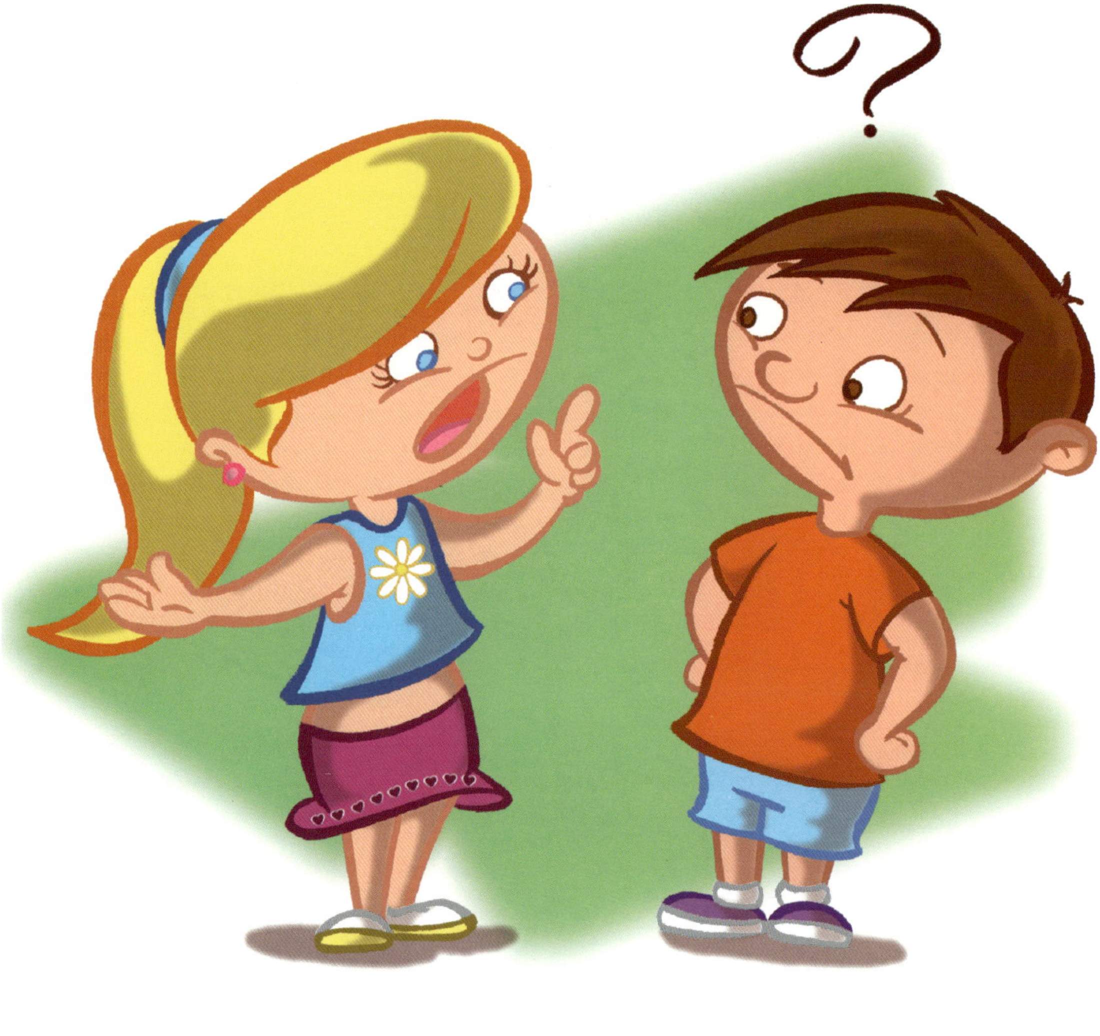

Você é demais quando...

...escuta as minhas opiniões e observações, **respeitando** as diferenças.

Você é demais quando...

...reserva um

tempinho

para si mesma, ainda que seja uma tarde inteira.

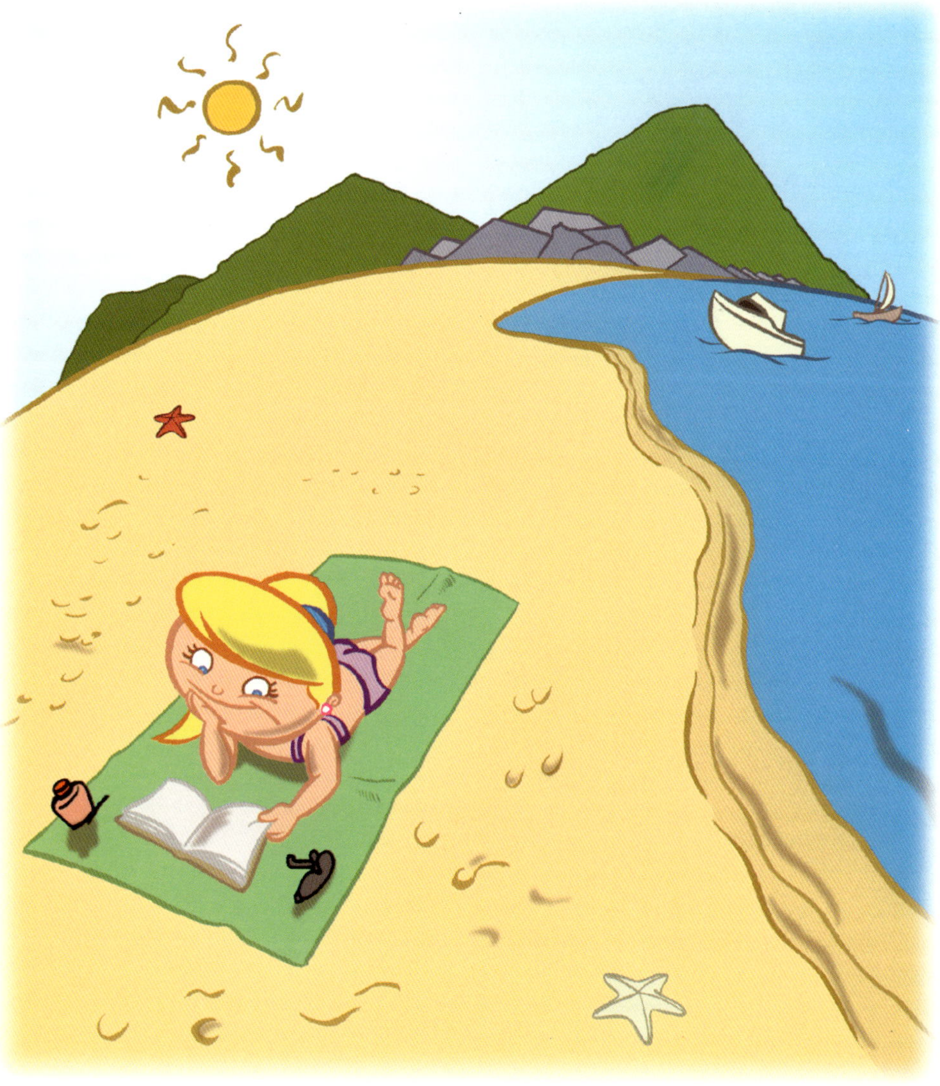

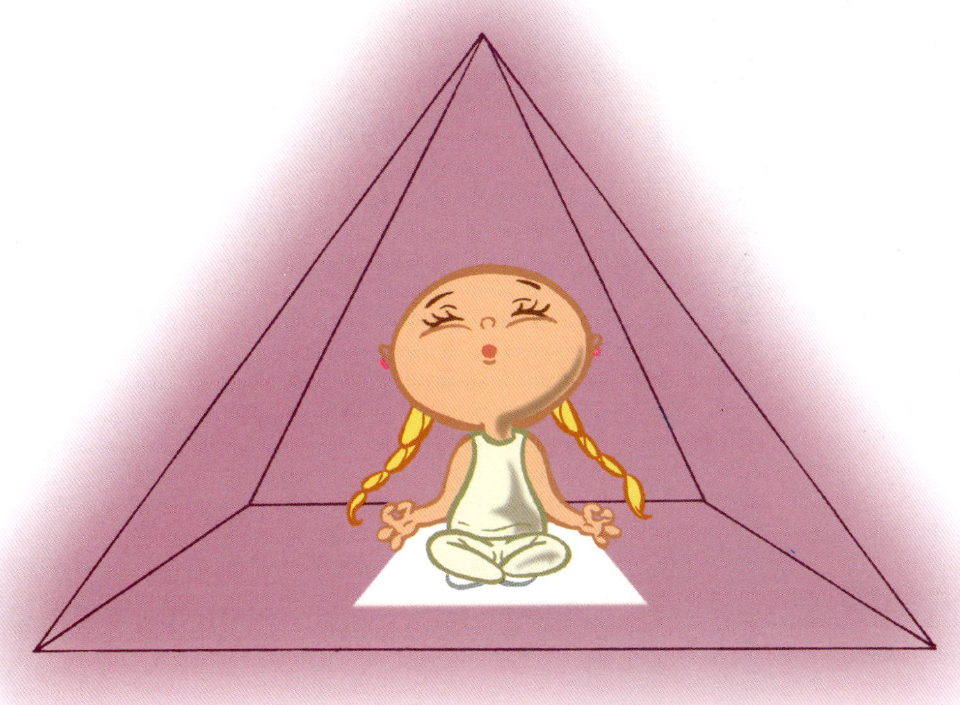

Você é demais quando...

...relaxa quando, por algum motivo, o *amor* está trovejando. É melhor deixar a tempestade passar.

Você é demais quando...

...sabe que um *presente* sem motivo pode ser um bom motivo para dá-lo.

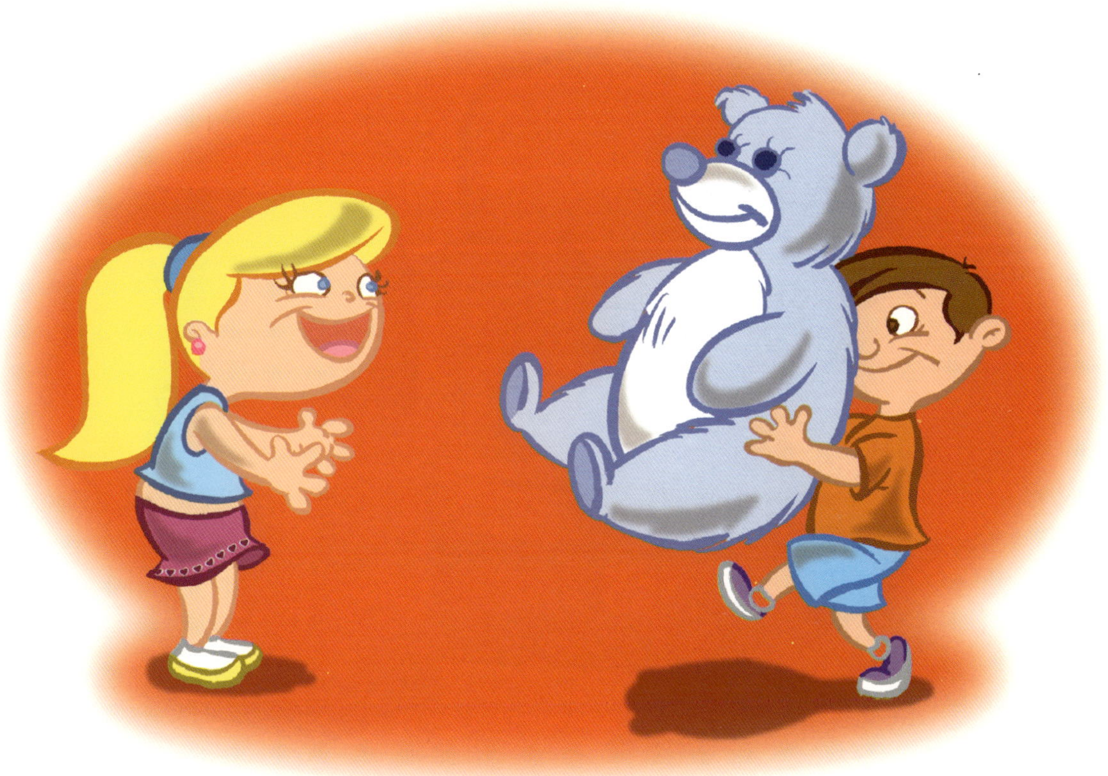

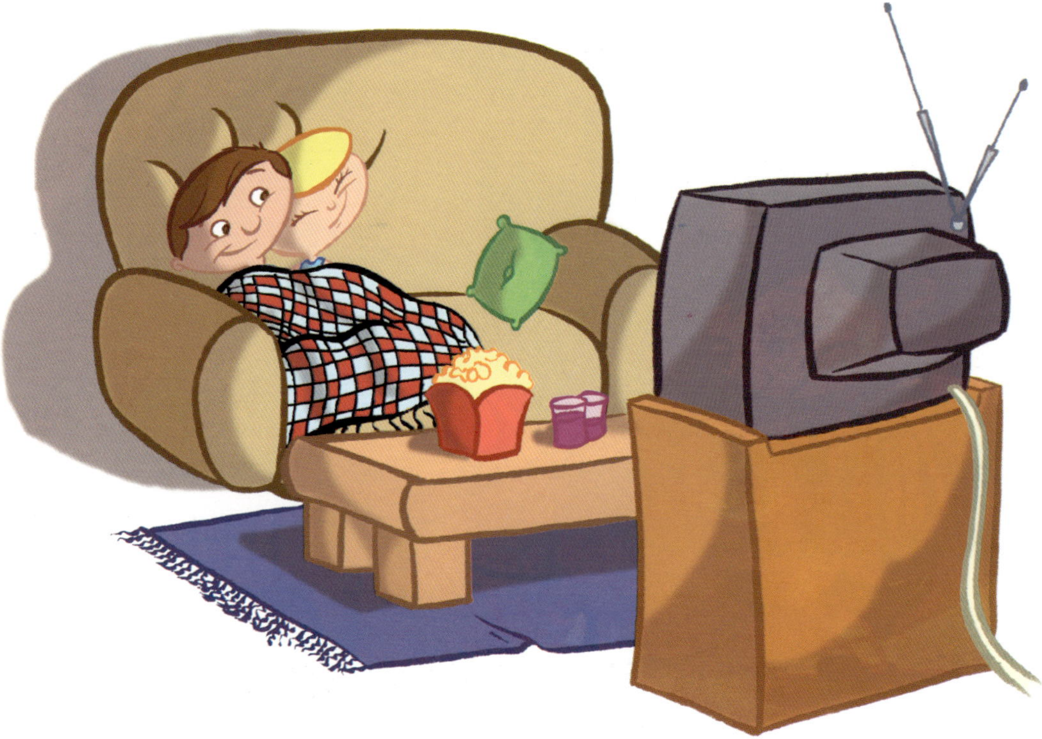

Você é demais quando...

...aquece o meu coração não se

esquecendo

da pipoca e do DVD nas noites de inverno.

Você é demais quando...

...pratica o perdão, uma, duas até dez vezes, pois perdoar

multiplica

a alegria no coração.

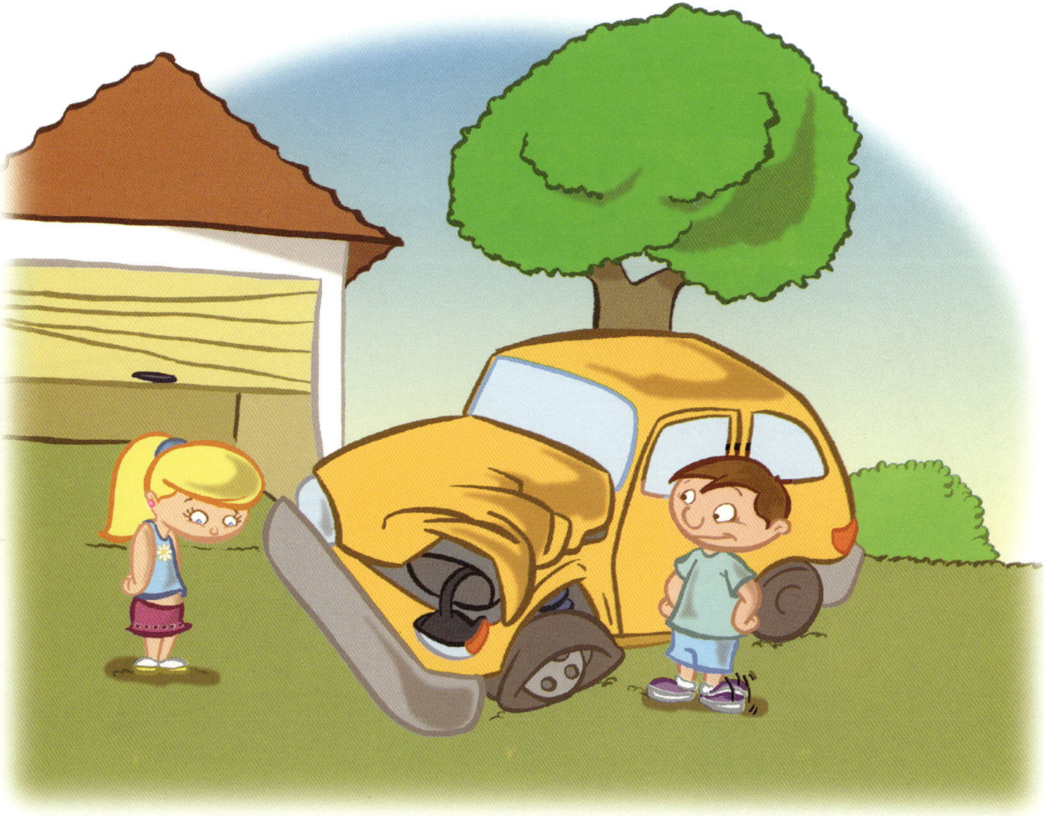

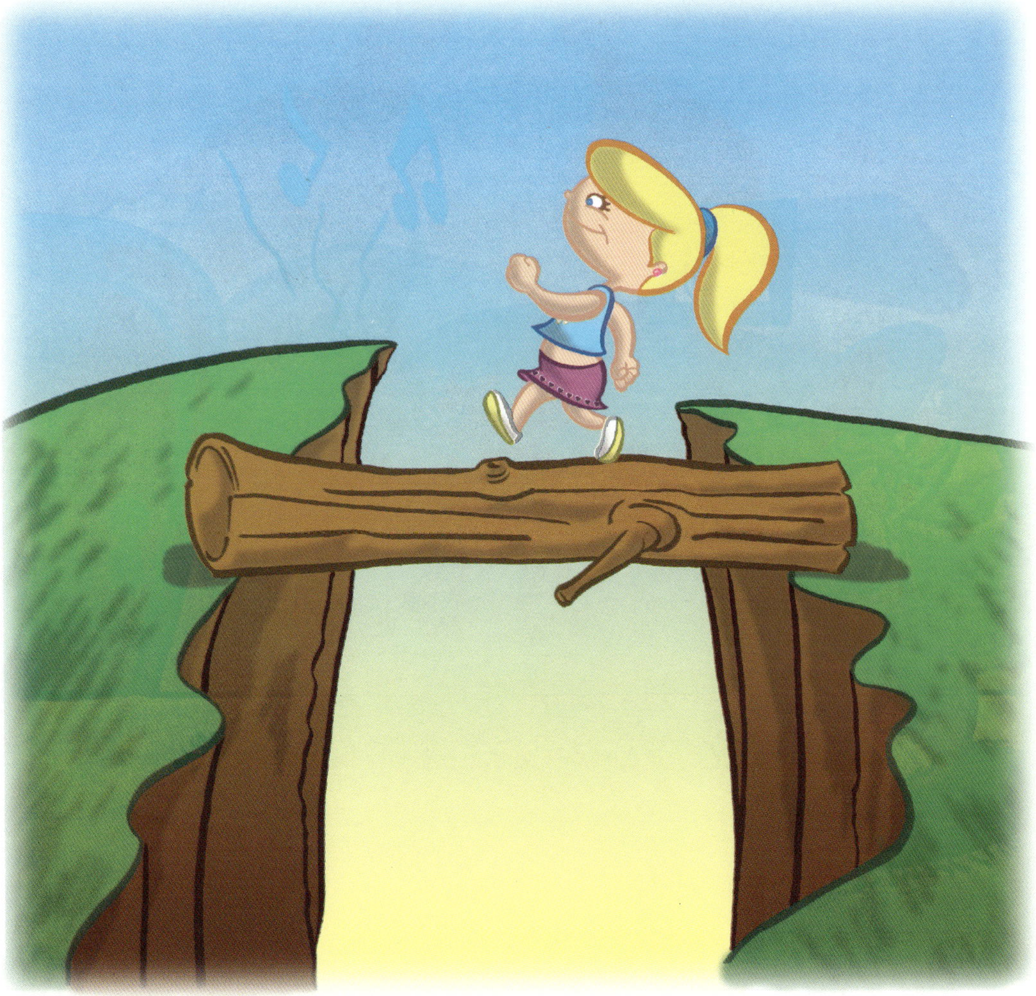

Você é demais quando...

...transforma o medo em coragem, afinal é aceitando os novos **desafios** que nos tornamos fortes.

Você é demais quando...

...leva o cachorro para

passear

e, quando necessário,
ao pet shop também.

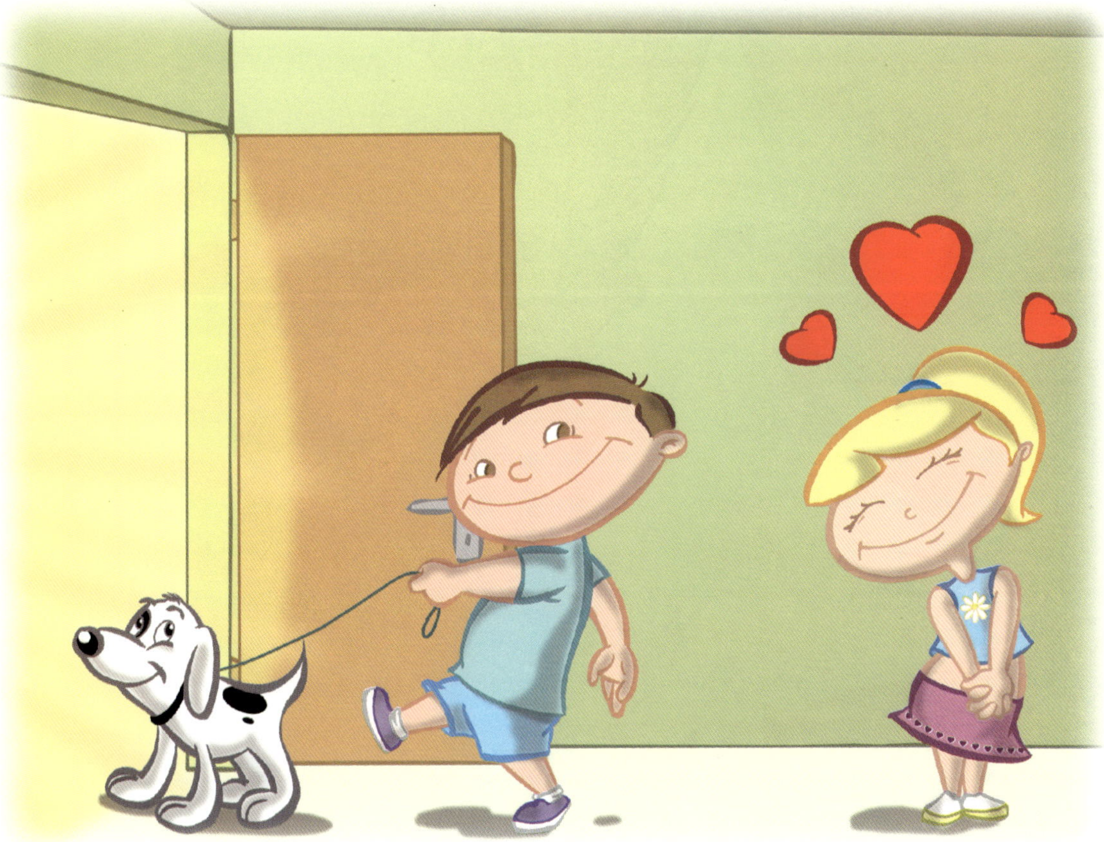

RONC

Você é demais quando...

...faz uma lista das minhas **qualidades**, ainda que meu ronco atrapalhe seus sonhos.

Você é demais quando...

...permanece online
até o sol nascer,
esperando
meus e-mails.

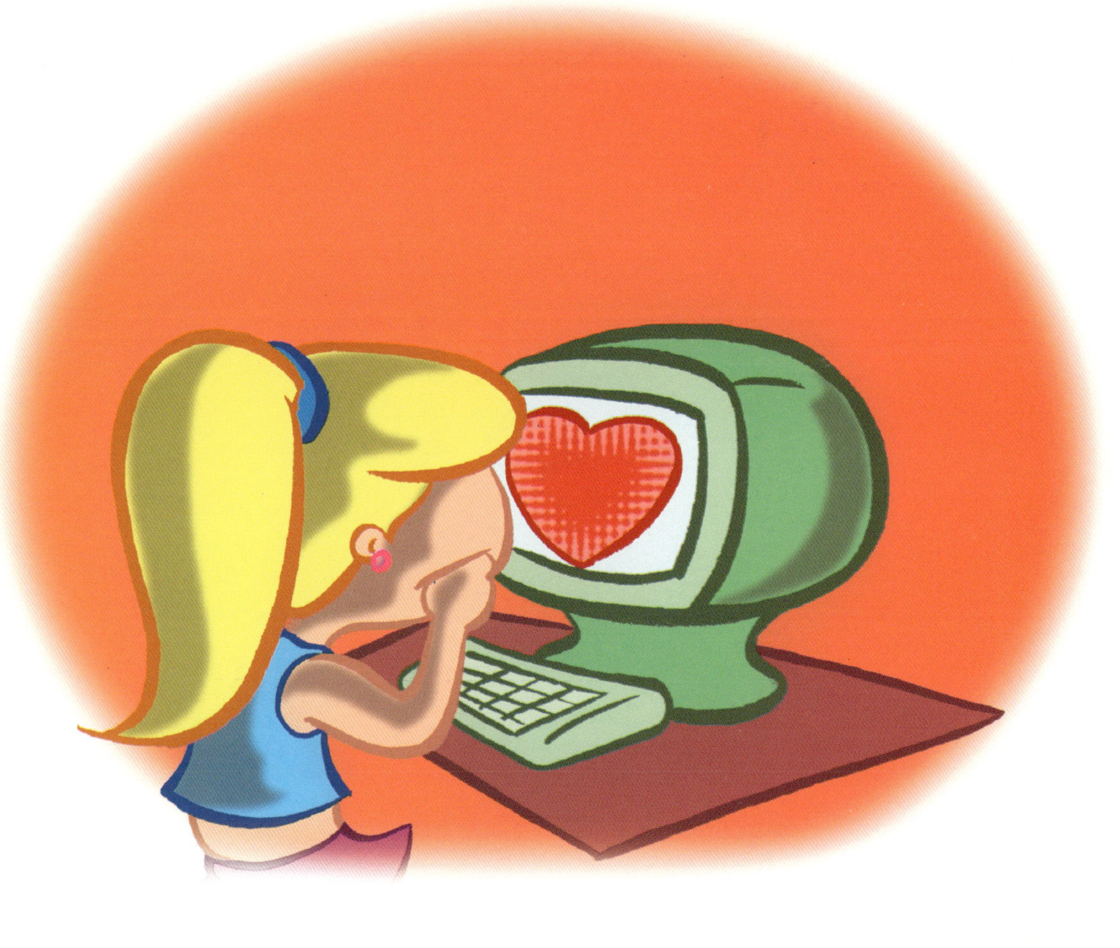

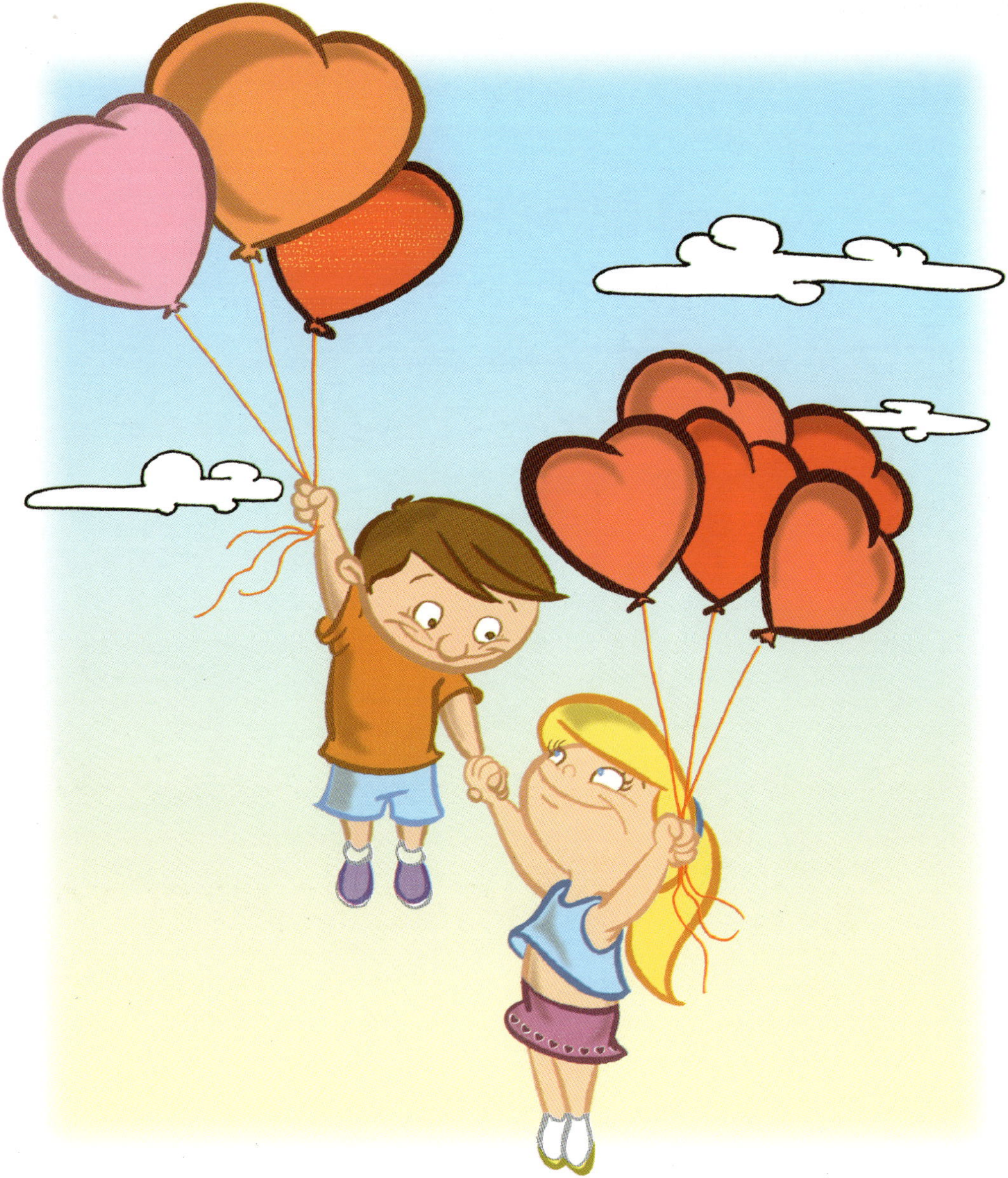

Você é demais quando...

...mantém a confiança na vida. Um coração

confiante

no amanhã é tudo de que mais preciso.

Você é demais quando...

...usa seus dons para levar

alegria

e conforto ao meu coração.

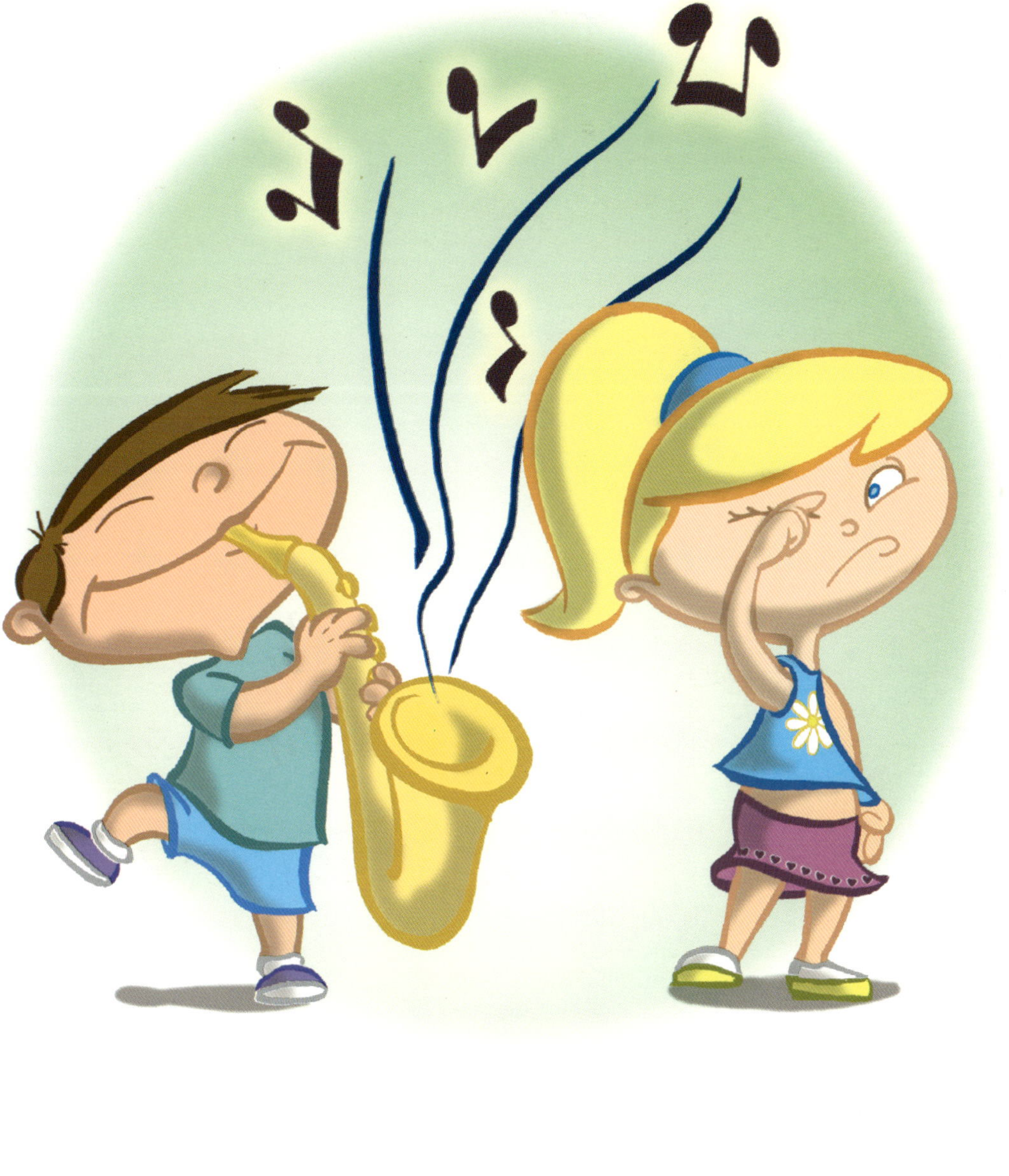

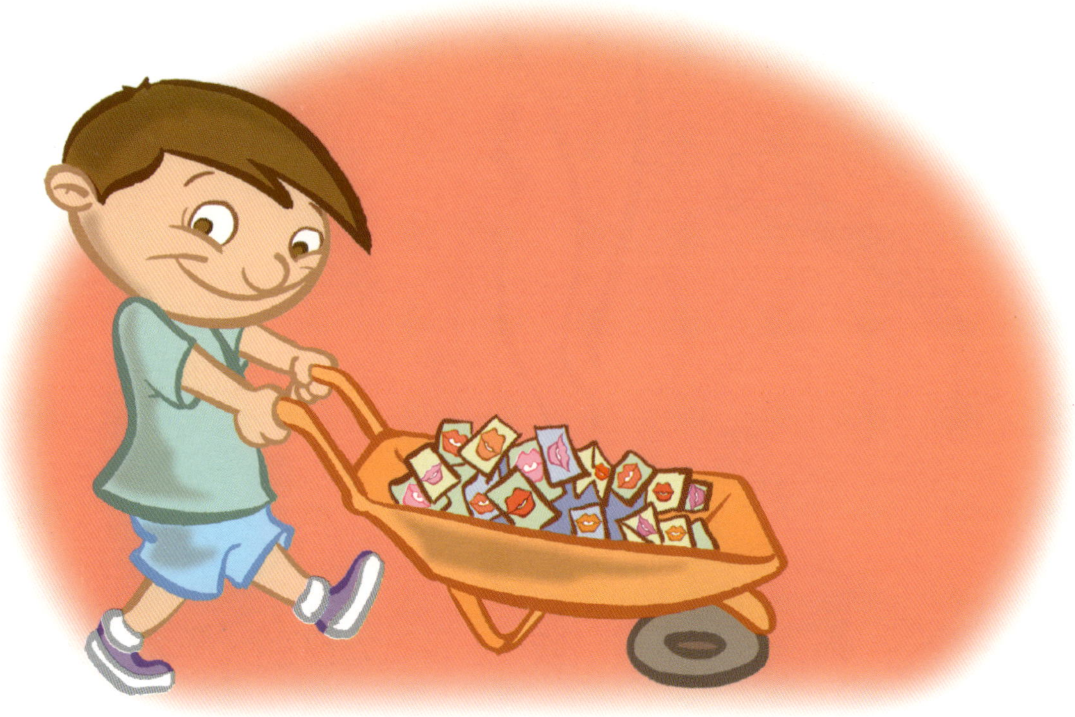

Você é demais quando...

...guarda todos os meus beijos, **descobrindo** em cada um uma declaração de amor.

Você é demais quando...

...gosta das coisas

simples

e tira da vida o melhor.

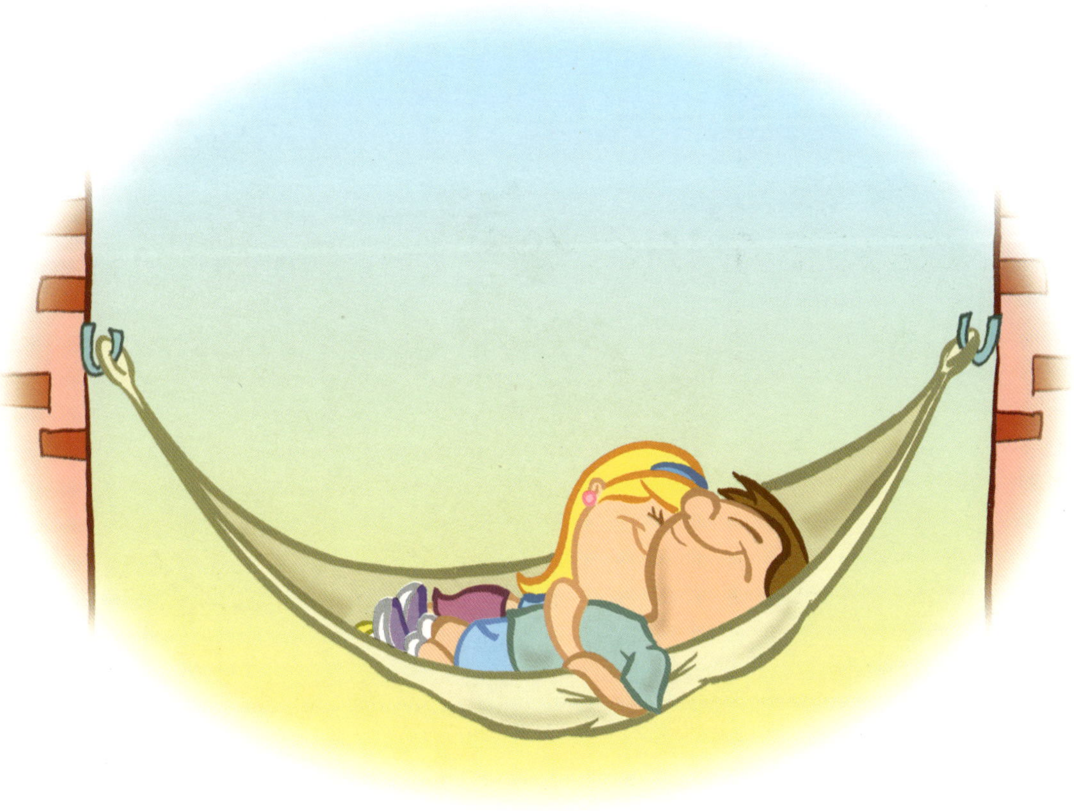

www.editorafundamento.com.br/voceedemais